El cuchiceo del alma

- Siéntelo -

Libro de aplicación y de ejercicio

Colonia, Julio 2016

**Lo esencial
se realiza en el silencio.**

Bibliografische Information der Deutschen Nationalbibliothek:
Die Deutsche Nationalbibliothek verzeichnet diese Publikation in
der Deutschen Nationalbibliografie; detaillierte bibliografische
Daten sind im Internet über www.dnb.de abrufbar

© 2016 Gabriele Nowotzki

Herstellung und Verlag:
BoD – Books on Demand, Norderstedt

ISBN 978 373 472 1595

Introducción

Este libro está escrito para todos los hombres que quieren añadir algo distinto, algo nuevo a su situación y vivencia personal y actual.

Este libro **se dirige** a mis contemporáneos cansados respecto a tantas noticias, anuncios y estímulos pesados, multiplexes en los diversos medios de comunicación. Se dirige a todos los que sienten que **aún tiene que existir algo distinto, otro algo**.

Las lineas siguientes se orientan hacia todos los que anhelan y perciben un resurgir; a esos que captan intuitivamente: "**Sé tu mismo el cambio** que deseas ver en el mundo."

Que el espíritu de este libro sea para ellos animación para ponerse cada uno en su propio camino, adentro, a su centro interior y continuar en él con firmeza hacia el auto-descubrimiento, auto-liberación y hacia el auto-desarollo.

Un cambio siempre empieza primero en cada uno de nosotros.

Dejadnos imaginar nuestro mundo en la manera en que le deseamos y anhelamos **desde las profundidades de nuestro corazón**.

Dejadnos ir a dentro y recibir de tal manera cada uno su "versión" de nuestro mundo.

Permitidnos vivir e integrar, realizándo nuestra percepción deseada del mundo en nuestro diario, ahí donde estés y vivas tú.

Para ello hace falta realizar **un cambio de perspectiva**: recoger nuestra atención de fuera y dirigirla adentro, a tí mismo, al cuchicheo de tu interior, a tu alma.

Para ello: este libro te ofrece Introduciones y Ejercicios para ir hacia esa nueva manera de vivir, para acrecentar nuestra confianza en nuestro interior, en nuestra alma, en nuestra intuición, en nosotros mismos. Y, para llegar a vivir junto y conscientemente con nuestro interior.

¿Sabes, que ella es la sede de toda sabiduria, salud, alegría.....?

Todo eso empieza con una decisión consciente, personal. Para ello se ofrece después de cada capítulo unas animaciones para el auto-ejercicio y auto-aplicación.

Están ofrecidos como una barandilla para los que la deseen y les haga un servicio. Que dichos ejercicios los use en su momento debido y maduro, según su ritmo personal y lo que cada uno perciba interiormente.

Yo les ofrezco estos anexos como un bombón. ¿Ya sabes lo que pasa, si te los comes todos a la vez o uno tras otro? **Cuidate.**

Aqui se trata

- de saborear. Siéntelo, cuando está el sabor en ti más intensivo? A veces "menos puede ser más".

- Y se trata aquí también de tu medida personal. Percibe, cual te sienta mejor.

En este sentido te deseo alegría al leerlo como cuando se sigue un buen camino, esclarecido y benévolo.

Introducción 6

Indice 9

1.

Tocar

**Cuando sopla
el viento del cambio,
construyen unos hombres muros
u otros molinos.**

Proverbio chino

Sofía tiene unos cuarenta años, es soltera y tiene un caracter alegre. Trabaja en una agencia, siendo jefa de un departamento, llevándolo con mucho éxito. Pero desde hace poco tiempo hubo tambien nubes oscuras en su horizonte

El motivo ha sido un conflicto en el trabajo, que se extendió durante varios meses. Ella sentía, que en este caso no se trataba de buscar una solución justa según el contenido, sino que buscaba una solución fácil. Uno de los implicados en el conflicto cambiaba su sitio de trabajo y todo podía seguir tranquilitamente como antes.

En el fondo, Sofía podía estar contenta sobre el resultado, porque ella se quedaba. Pero interiormente sufría sintiendo la manera de tratar al personal, es decir, a las personas.

Poco después se le detectaba una inflamación y un cambio en su pecho. A través de una entrevista con el médico y viendo las radiografías recibía como tratamiento unos antibióticos. Una vez terminado el tratamiento, como unas tres semanas más tarde, de nuevo se le inflamaba el pecho y esta vez más fuerte. Comparando las radiografías de la primera y de la segunda vez, los médicos reconocieron que algo fuerte estaba creciendo enormente ahí. Por su agresividad los médicos deducían que se trataba de un tumor canceroso, que le tenían que extirpar inmediatamente.

Ole.... tan rápidamente se puede entrar en el sistema sanitario se lo sugirió a Sofía. Por parte de los médicos le preparaban para lo peor. Para una operación con transplantación de carne, con químio luego, etc....

13

Su familia y amigos acompañaron a Sofía. No obstante hubo varios momentos en que ella, de repente, se encontraba en una profundidad, en la que ella se sentia en el fondo de su ser, a solas. A través de esta experiencia de vida y muerte, parecía que Sofía se encontraba de golpe en un punto, donde sentía la soledad. Y extrañamente Sofia sentía y tenía el valor de entregarse a ella, interrogándose a si misma: ¿por qué tenia que haber llegado a este punto?

Ahora Sofía se acordaba de un discurso que ella había dado durante su estudio en la universidad a unos estudiantes. Se trataba de la comprensión y vista de las personas del "oriente" frente al hombre, que comprende la persona como una unidad entre alma, cuerpo y espiritu. Tambien Sofía lo percibía de esta manera.

Por eso Sofia buscaba el silencio en muchos momentos y aqui en el hospital lo encontraba sólo en la Capilla. Aqui había silencio y éste le ofrecia un espacio para estar consigo misma, para poder inclinarse a su interior, yendo a dentro, esuchándose a ella misma.

Ahí Sofia encontraba la fuerza y el valor de dar cabida a ésta su situacion nueva y de prestar ahora atención a sus pensamientos y sentimientos que ya surgieron desde hace tiempo, de vez en cuando en ella. Los que iban en gran parte del entorno de su situación personal, interrogándose la forma del tratar los conflictos y las personas implicadas en situaciónes semejantes tanto en el trabajo como tambien en la sociedad.

¿Cómo es normalmente el trato común en el campo de trabajo? Y en nuestra sociedad? Mas, ¿por qué me encuentro aqui en este, nuestro mundo? ¿Quién soy yo en el fondo de mi ser? Con todas estas preguntas Sofia se entregaba totalmente a la vida, la que un dia había despertado en ella.

En este tiempo aún no entendía más. Pero ella sentía una certeza tremenda: que confiaba en esa vida, en este núcleo de vida que alguien había puesto en ella. Con toda esta experiencia se desplegaba - de una manera desconocida hasta entonces - una Paz profunda en Sofía.

Después de la operación los médicos le comunicaron que el resultado era negativo. Gracias a Dios. Finalmente, el tumor era bueno. Sofía se alegró mucho con esta noticia. A la vez que aun resonaba en ella esa profunda y indescriptible Paz en su interior, que le seguía acompañando tambien a la vuelta a su vida diaria.

Afortunadamente aún estaba unos días de baja, de esta manera podía ella seguir recuperándose. Sofía se extrañó de que el efecto de la Narkose tardase durante unos días más tarde: se cansaba rápidamente, se sentía sin fuerza. Pero unos días más tarde, en su casa, a Sofia le volvieron las fuerzas físicas.

La experiencia de esa Paz profunda aún le seguía, aún resonaba en ella, junto con la certeza de que todo iba bien. Y eso le alegraba mucho. Y además seguía con la búsqueda y el interrogatorio interior existencial sobre su manera de vivir.

Sofía percibía que tenía que estar más en silencio, sentía que quería estar más en la naturaleza. Por eso, unos dias más tarde, cuando ya se había recuperado, salía con su coche por las orillas del Rhín.

Cruzaba el aparcamiento y llegaba a una escalera que subía al dique. Estando arriba le presentaba un panorama fantástico, tan bello que casi se le parecía increible, intocable, intachable. Tenía delante un paisaje con amplias praderas verdes y con unos árboles hasta donde su vista llegaba.

Tocándole un timbre, Sofía se daba cuenta que se encontraba en un camino de bici que iba a lo largo del Rhìn, el cual corría por el lado izquierdo. Estaba impactada enormente por tanta belleza, todo ello le invitaba a permanecer, a un "ir adentro". Luego bajaba la escalera al otro lado y se orientaba hacia el camino de los peatones, que igualmente se encontraba a lo largo del Rhin.

Ella presentía que algo especial había en el aire. ¿Conoces tú tambien este sentir?

En el camino se encontró con unos peatones. Algunos llevaban un perro, otros andaban en pareja y otros, como ella, andaban solos. En comparación de la ciudad, la gente se saludaba al encontrarse.

Sofía sentía que en este paisaje se hizo palpable esta amplitud, este silencio. Con él ella seguía buscando un espacio en su interior. Sentia por dentro, o le parecía, como un presentimiento de algo secreto, de la vida, en ella.

Mientras andaba, Sofía se encontraba totalmente consigo misma. Y andando de esta manera cayó en cuenta de que había cambiado su ritmo al andar.

Caminaba a un paso que le iba bien a sí misma. Se concienciaba de que había encontrado su propio paso, su propio ritmo.

Después casi de la nada, surgió en ella, con el respirar 'respiro este silencio, pureza y vida'; al 'aspirar', iba dejando todo lo que le pesaba, lo que le apresuraba, sencillamente lo dejaba al ir aspirando.

De esta manera siguió andando un buen rato, prestando atención a su interior, si en ella sugiera algo, es decir, si su interior quería decirle algo.

Asimismo surgió una pregunta en ella: ¿qué espero yo de la vida? ¿de mi vida? ¿de mi misam?

Sofía sentía dentro de si estas preguntas, mientras seguia andando a su propio ritmo. Levantando la cabeza vió un grupo de pájaros sentados en el cable de un poste eléctrico. Con el canto que llenaba su alrededor, le parecía que estaban en una reunión.

Mirando a los pájaros Sofía sentía a dentro y al instante surgió ¿donde me encuentro yo en casa? Se dice: el hogar esta ahi donde está mi corazón. ¿Dónde esta mi corazón?, algo en ella dirigía esta pregunta a ella misma.

Al cabo de un buen rato, Sofía se dió cuenta que había ido muy lejos y sería aconsejable darse ahora la vuelta. Para ello se decidió para la vuelta bajar a la orilla de Rhín, para ir andando encima de las piedras.

Abstraída miraba hacia los barcos. Unos llevaban mucha carga y por eso estaban echados más profundamente en el Rhín, y otros andaban saliendo más del agua. Siempre que pasaba un barco a su lado, el rio llevaba olas a la orilla hacia ella. Cuanto más carga llevaba, más fuerte eran las olas.

Sofía seguía andando en su ritmo y pensaba: el Rhín existía antes que yo, aqui en la tierra y va a seguir existiendo aún después de mí. De esta manera, Sofía seguía averiguando cual era su puesto aqui, dentro en esta historia de la evolución de la humanidad.

Luego pensó: al Rhín le da igual, si andan barcos por él o si están nadando peces u hombres en él. **El Rhìn es y seguirá existiendo.**

Poco a poco empezaba a anochecer. Al otro lado del Rhìn, Sofía veía un parque de caravanas. Ahí había unas ventanas iluminadas. Sofía se sentía bien con ella misma y con todo este ambiente. En la lejanía unas luces iluminaban el anochecer igual que las luces de unos barcos que pasaban por el Rhín y ella - aqui - al otro lado estaba sola. Pero se sentía bien, se sentía casi como:

A solas en todo el Universo.

Sofia sentía hacia esta soledad, mejor dicho.... sentía a dentro. Se permitía sentir este espacio de soledad con el que ya se había familiarizado en el hospital y ... aqui lo experimentaba de nuevo.

De esta manera, Sofía pasaba un buen rato, que le llenaba, parece que absorbía todas estas experiencias. Le parecía casi como una esponja.

Estando llena y alegre de esta manera, se decide a volver a su casa. Sofía ha pasado una buena tarde, enriquecida con unas vivencias profundas. Nada que se pueda palpar, pero ella lo vive y siente como: Sí estos momentos y experiencias fueran unas P E R L A S para la E T E R N I D A D.

Preguntas

1. ¿Cómo sientes tú el trato en tu ámbito de trabajo, en el ámbito social, en tus relaciones?
   ¿Qué hace éste contigo?
   ¿Cómo te sientes? Siéntete a tí misma!

   ¿Prevalecen momentos constructivos?
   ¿ Cuáles?

2. Tú ¿te permites a tí misma querer lo mejor para tí, personalmente?
   En otro caso: ¿con qué te contentas tu?

3. ¿Te permites sentir tu insatisfacción?
   ¿A encontrarte con ella conscientemente y a transformarla?

   ¿Te permites una búsqueda interior? ¿Aún tiene que haber otra cosa más?

4. ¿Qué esperas tú de la vida?
   ¿De la vida tuya ?

5. ¿Dónde te sientas tú en casa?

Impulsos

1. Una decisión consciente por un Ser consciente, en vez de un funcionar ¿tiene algo atrayente para ti?
    O, ¿qué te impide vivir consciente, o más consciente?

2. ¿Te ha surgido alguna vez hacer algo distinto en tu vida? ¿A probar algo "nuevo"?
    Por ejemplo, introducir, probar un comportamiento nuevo? ¿O ampliar tu manera de percibir la vida, con vistas diferentes de un grupo que busca desarrollar o compartir la vida?

    ¿Te permites buscar algo que te haga desarrollar y te promueve personalmente?

    ¿Te ha surgido alguna vez la idea de dejarte acompañar para ahondar en tu vida?

3. En caso de echar en falta algo en la sociedad - un comportamiento, o... ¿ te has dado tú misma permiso para buscarlo o experimentarlo para tí y, de esta manera, traspasarlo a tu mundo y alrededor?

4.   ¿Qué crees tú personalmente?   ¿Dónde
empieza un cambio?

5.   ¿Estás dispuesta a vivirlo?   ¿Ahora?
      O ¿a qué aun estás esperando?
                La   vida   es   tuya.

2.

Decisión

**Cada uno se queja
de su memoria,
nadie de su inteligencia.**

(Francois de la Rochefoucauld)

Poco después, Sofía podía retomar su trabajo. Pero rápidamente se encontraba en la rutina y en las viejas formas de funcionar.

Al principio, aun resonaba algo esta experiencia profunda de la soledad, de haber experimentado este espacio interior. Pero cuanto más tiempo pasaba, Sofía seguía trabajando y más, regresaba a esta manera de funcionar y esta experiencia se desvanecía más y más.

Así pasaron unos meses y pronto apareció otro signo de alarma. Esta vez se trataba de un trastorno en su ritmo cardiaco. Parecía que la vida quería empujar de nuevo a Sofía, y ella misma, presentía que había una interrelación entre la presión vivida en su area profesional y su estado de salud. ¿Qué sucede todo esto ahora conmigo? se preguntaba Sofía. ¿Cómo tengo que tratar ahora a mí misma y a la vida? ¿Cómo responder ahora?

Entonces, por el tumor, Sofía se había sensibilizado algo más para con ella y con su vivencia interior. Y ahora cuando se presentó este trastorno del ritmo cardiaco, sonaban campanas de alarma en ella.

Además sentía un descontento sobre la manera cómo le trataban los medicos (como a los otros pacientes tambien). El doctor le recetaba únicamente un medicamento, sin tener en cuenta las circunstancias exteriores, ni explicar o enseñar otros tratamientos, ni señalar qué dicho medicamento tendría que tomarlo de por vida.

A través de todas estas experiencias, este clamor interno se engrandecía más y más. Y le gritaba en ella: No. Asi no. Ella ni quería ni podia seguir viviendo de esta manera apoyando con su forma de vida un sistema que ella, aparentemente, había empezado a interrogarse. Y que de esta forma se le ha ido su aprobación a la misma, a la forma como ella ha concebido hasta entonces la vida.

Pero ¿qué hacer ahora?   ¿Distanciarme de todo? ¿Echar todo en saco roto ?

A la vez percibía, si a partir de ahora, seguiría como antes, se enfermizara aún más. Más aún, viviría contra ella misma, contra lo que percibe en su interior, contra su convicción. Esto sería - más tarde o más temprano - el camino para embarcar seguramente a un burnout.   Pues bien, tiene que haber aún algo distinto. Esta voz la escuchaba siempre, cada vez más fuerte en ella.

Y Sofía se acordaba de una historia:

Los dos lobos:

Una mañana un abuelo le contó a su nieto acerca de una batalla que ocurre en el interior de las personas. Él dijo, "Hijo mío, la batalla es entre dos lobos dentro de todos nosotros".

"Uno es Malvado - Es ira, envidia, celos, tristeza, pesar, avaricia, arogancia, autocompasión, culpa, resentimiento, soberbia, inferioridad, mentiras, falso orgullo, superioridad y ego.

"El otro es Bueno - Es alegría, paz amor, esperanza, serenidad, humildad, bondad, benevolencia, amistad, empatía, generosidad, verdad, compasión y fe.

El nieto lo meditó por un minuto y luego preguntó a su abuelo: "¿Qué lobo gana?"

El abuelo respondió: "Aquél al que tú alimentes."

Sofía aplicaba esta historia ahora a su vida, a su situación actual. Si yo ahora doy preferencia a funcionar de manera racional, entonces sé que seguiré enferma y, probablemente, enfermaré más gravemente aún.

Ella reconocía aquí una conexión y experimentaba que tenía que confiar y dar preferencia a esta voz fina de su interior. Sólo, de esta manera, podía seguir "p'alante" en su camino, en su desarrollo personal para poder sanarse.

Adelante .....   hacía mi

Estáte disponible para tí.

Levántate en ti misma.

Ponte de pie, en ti.

Dì SI.

Sí, a ti mismo -

tu alma ya lo ha realizado

desde hace tiempo.

Y tú ?

Por qué tardas aún?

Experiméntate a ti mismo.

Sí - lo vive y respira en ti / en mi.

Lo respira en mi.....

YO S O Y.

¡Qué raro! pensaba Sofía, todos vivimos aqui en este mundo, bajo las mismas circunstancias y ¿qué hace éste con cada uno de nosotros? ¿Quién anda en este camino? ¿Quién se decida para una vida en salud, en armonía con su interior? O ¿es que ella no lo percibía bien todo lo que pasa dentro, en el interior de la sociedad, en cada uno? Por lo menos ella misma no conocía a nadie pesonalmente, en su entorno directo que se haya inclinado o se haya puesto en tal camino.

Y Sofía ¿qué prevalecía ahora en ella? ¿El descontento de tener que seguir viviendo asi, de tener que seguir funcionando y quedarse enferma de esta forma, o el valor de arriesgarse a dar paso a algo nuevo, el paso al desconocido ?

Cada vez que ella daba espacio a estos pensamientos, se acrecentaba tanto la curiosidad, como el valor de realizar finalmente este paso.

Mientras seguía las noticias diarias en el internet, cautivaba su atencion siguiente título:

<u>El Banco central de Europa en Frankfurt ha hecho un test de estress. En él se ha encontrado que el estress va a cargar la salud personal de los trabajadores. El sindicato avisó un peligro grande de burnout.</u>

(del 09.12.14)

31

Finalmente, lo descubren tambien otros y lo publican, se decía Sofía. Para ella misma, se decidía Sofía por la experiencia buena del silencio en el hospital, a afrontar estas preguntas interiores, a enfrentarse a su conflicto interior.

Ella percibía y lo sabía: si quiero tener otro resultado, otra manera de vivir, tengo que cambiar algo yo. Ella se acordaba de una frase de Albert Einstein sobre la locura del hombre que espera resultados distintos, a seguir actuando de la misma manera.

Sofía experimentaba contínuamente que ella tenía que cambiar algo en su vida. Así que empezó a leer, a tragar libros sobre la vida. Luego, después de la comida, se montaba en la bici y durante un buen rato se daba una vuelta por la naturaleza.

Ella quería hacer algo, estar en la naturaleza y a la vez buscaba quietud como fondo fructoso para poder así recibir una respuesta a través de ella misma, de su interior. Esto lo esperaba Sofía.

Un día, cuando paseaba abstraida, le surgió en su interior:

Yo puedo leer cuanto quiero, siempre se me quedará sólo como aliciente, como estímulo por parte de fuera.

Para apropiarme de ello, para experimentarlo dentro de mí misma, - para ser auto-responsable - tengo que andar yo misma, por mí misma.

Esto, nadie puede hacerlo por mí.

Tampoco puedo ir yo por el camino del otro, ni fingir diciendole por donde tiene que ir.

¡Qué distinto es nuestro mundo, nuestro trato común, piensa Sofía. Nosotros educamos a nuestros niños según lo que nosotros vemos conveniente y es bien para ellos. Pero, verdaderamente, ¿ está bien para ellos?

Creer que es lo mejor, no equivale automáticamente que sea bien para el desarrollo del joven o del adulto. Sí, en el fondo tenemos que educar nuestros niños a ser autónomos, en el sentido de enseñarles a vivir por ellos mismos, - desde su interior, con todos los dotes que cada uno ha recibido -. Ayudarles a valorarse a ellos mismos según sus dotes y ayudarles a integrar y entregarse con todo al bien de nuestra sociedad. En vez de esto nos encontramos, de momento, en el otro extremo. Lo más importante es el funcionar, sin tener en cuenta qué pasa en el interior de cada uno.

Sofía experimentaba: **"Yo soy el camino"**
Esto es lo que vivía interiormente.

Sí .... yo misma soy el camino, mi camino.

Sofía se quedó sorprendida y llena de alegría a la vez, sobre esta vivencia interior y esta experiencia. Le daba lo mismo cómo nuestro mundo y sociedad funciona aún, según sean sus criterios así se vive. Ella, por su parte, quería cambiar su manera de vivir, sus circunstancias, para poder ofrecer un espacio a este silencio, a la quietud.

Durante un tiempo ella seguía viviendo y trabajando; pero esta vez interiormente como más despierta, algo más consciente. Después de su trabajo frecuentemente se daba un paseo, ella sola. De esta manera, maduraba en su interior una decisión de salir, por un tiempo, de esta rueda de hámster (de trabajar y funcionar) dando preferencia a su interior, más espacio para poderse auto-experimentar.

Como persona soltera y dirección en su trabajo ha ahorrado algo. Con esta almohada financiera, Sofía quería buscarse una vivienda con un jardín pequeño en una zona más bien rural. El jardín y la naturaleza siempre le ha facilitado interiorizar.

Sofía pensaba que esto podía sonar raro, pero ella estaba dispuesta a vivir la vida, a partir de ahora, dando preferencia a escucharse en su interior. Ella quería emplear y dedicar su tiempo para crear este espacio en ella, para poder escuchar, de esta manera, una respuesta a su pregunta: **¿quien soy yo en el fondo de mi ser?** La mayor parte del día, ella quería disponer (reflexionar) para ello y algo, aun inexplicable, le motivaba y tiraba de ella en esta dirección, yendo por este camino, encaminándose hacia su propio camino.

Pero, ¿cómo?

Bueno, ella intuía que le podía faltar la experiencia de sentirse directora, y tambien su trabajo, el lugar y las personas. Mas, a la vez sentía tambien una motivación grandísima a probar vivir de esta manera, de experimentarse, ¿cómo se siente una persona a no hacerse, a no estar pendiente de todas estas conexiones y lazos sociales? A no estar atada por el éxito profesional, por el dinero, por convicciones y, de esta manera, dejar nacer y crecer algo nuevo en tí , en mi vida?

En mi mora más, siente Sofía. Sus amigos y su familia no lo entendían del todo, pero respetaban su decisión. Sí, tambien hubo unas personas que le admiraban por este paso. y le decían: "yo misma no sería capaz de dar tal paso."

Preguntas

1. ¿Te interrogas tú tambien nuestra manera de vivir y funcionar en nuestra sociedad, en nuestro mundo profesional?

    ¿Qué es lo que más te disgusta?

    ¿Sabes, que lo que más te disguste, sólo por aceptarlo y ponerte en camino y ponerlo en práctica se te puede transformar en una fuerza personal tuya?

    ¿Reconoces esta llave para crear algo nuevo en ti?

    ¿Quieres usarla?

2. ¿A qué lobo estás forteleciendo tú? ¿En tí?
    ¿Consciente?

3. ¿Te respetas a tí misma?
    Si tú misma no te respetas, ¿quién te va a respetar?
    ¿Por parte de quién esperas entonces respeto?

¿Cómo te dejas tratar?

¿Cómo quieres, que te traten?

4. **Sí a tu interior....**

    Sí a ti misma.

    Y valórarte lo más alto.... por encima de todo, (de todos lo que te pueden caer bien en la vida ?).

    Quien arriesga, gana.

    Poner todo en una carta.

Impulsos

1. ¿Quieres aprender un comportamiento nuevo en tu vida?

    Experiméntate, siente y piensa, ¿en qué quieres avanzar o cambiar?

    Imagínate cómo quieres actuar en algunas situaciones en tu día a día, ejercítate a realízalo de esta manera.

    Mientras lo realizas, quédate concentrada y atenta.

2. ¿Te respetas a tí misma? Y ¿a tus sentimientos?

    Sí tú misma no te respetas, ¿de quién esperas que te respete?

    Hazte una lista en tu diario, ¿dónde deseas respetarte?

    En lo cotidiano iníciate en esto.

3.

Sofía tiene un sueño

**Lo grande no es
ser este o lo otro,
sino ser uno mismo.**

Sören Kierkegaard

Sofía ha presentado su dimisión en el trabajo. Ahora ha encauzado, ha puesto en marcha la direccion de su futuro. Ella misma se vivia en estos momentos, como poco a poco se iba desvinculando del sistema social, y se liberaba más y más de los efectos que han provocado en su vida. Incluídas también muchas inseguridades, pero ella misma estaba decidida a enfrentarse y darles soluciones.

Ahora es ella la causa de lo que pasa en su vida. Así se sentia bien, aparte de las inseguridades e incomprensiones que vivía tanto por parte de fuera como tambien a ratos en y por ella misma. Tampoco Sofía entendía aun todo, pero sentía que de esta manera estaba bien. Sí, se sentía a la vez bien.

En estos dias caia en cuenta de la siguiente historia:

El Águila

Erase una vez un granjero que, mientras caminaba por el bosque, encontró un aguilucho malherido. Se lo llevó a su casa, lo curó y lo puso en su corral, donde pronto aprendió a comer la misma comida que los pollos y a comportarse como éstos. Un día, un naturalista que pasaba por allí le preguntó al granjero:

- ¿Por qué este águila, el rey de todas las aves y pájaros, permanece encerrado en el corral con los pollos?

El granjero contestó:

- Me lo encontré malherido en el bosque, y como le he dado la misma comida que a los pollos y le he enseñado a ser como un pollo, no ha aprendido a volar. Se comporta como los pollos y, por tanto, ya no es un águila.

El naturalista dijo:

- El tuyo me parece un gesto muy hermoso, haberle recogido y curado. Además, le has dado la oportunidad de sobrevivir, le has proporcionado la compañía y el calor de los pollos de tu corral. Sin embargo, tiene corazón de águila y con toda seguridad, se le puede enseñar a volar. ¿Qué te parece si le ponemos en situación de hacerlo?

- No entiendo lo que me dices. Si hubiera querido volar, lo hubiese hecho. Yo no se lo he impedido.

- Es verdad, tú no se lo has impedido, pero como tú muy bien decías antes, como le enseñaste a comportarse como los pollos, por eso no vuela. ¿Y si le enseñáramos a volar como las águilas?

- ¿Por qué insistes tanto? Mira, se comporta como los pollos y ya no es un águila. ¡Qué le vamos a hacer! Hay cosas que no se pueden cambiar.

- Es verdad que en estos últimos meses se está comportando como los pollos. Pero tengo la impresión de que te fijas demasiado en sus dificultades para volar. ¿Qué te parece si nos fijamos ahora en su corazón de águila y en sus posibilidades de volar?

- Tengo mis dudas, porque ¿qué es lo que cambia si en lugar de pensar en las dificultades, pensamos en las posibilidades?

- Me parece una buena pregunta la que me haces. Si pensamos en las dificultades, es más probable que nos conformemos con su comportamiento actual. Pero ¿no crees que si pensamos en las posibilidades de volar esto nos invita a darle oportunidades y a probar si esas posibilidades se hacen efectivas?

- Es posible.

- ¿Qué te parece si probamos?

- Probemos.

Animado, el naturalista al día siguiente

sacó al aguilucho del corral, lo cogió suavemente en brazos y lo llevó hasta una loma cercana. Le dijo: "Tú perteneces al cielo, no a la tierra. Abre tus alas y vuela. Puedes hacerlo".

Estas palabras persuasivas no convencieron al aguilucho. Estaba confuso y al ver desde la loma a los pollos comiendo, se fue dando saltos a reunirse con ellos. Creyó que había perdido su capacidad de volar y tuvo miedo.

Sin desanimarse, al día siguiente, el naturalista llevó al aguilucho al tejado de la granja y le animó diciendo: "Eres un águila. Abre tus alas y vuela. Puedes hacerlo".

El aguilucho tuvo miedo de nuevo de sí mismo y de todo lo que le rodeaba. Nunca lo había contemplado desde aquella altura. Temblando, miró al naturalista y saltó una vez más hacia el corral.

Muy temprano, al día siguiente, el naturalista llevó al aguilucho al tejado de la granja y le animó diciendo: "Eres un águila, abre las alas y vuela".

El aguilucho miró fijamente los ojos del naturalista. Este, impresionado por aquella mirada, le dijo en voz baja y suavemente: "No me sorprende que tengas miedo. Es normal que lo tengas. Pero ya verás como vale la pena intentarlo. Podrás recorrer distancias enormes, jugar con el viento y conocer otros corazones de águila. Además estos días pasados, cuando saltabas pudiste comprobar qué fuerza tienen tus alas".

El aguilucho miró alrededor, abajo hacia el corral, y arriba, hacia el cielo. Entonces el naturalista lo levantó hacia el sol y lo acarició suavemente. El aguilucho abrió lentamente las alas y finalmente, con un grito triunfante, voló alejándose en el cielo.

Había recuperado, por fin, sus posibilidades

(Aviso: Esta historia es de origen africano y termina en el original con la siguiente exclamación: ¡"Pueblos de Africa! Estamos hechos según la imagen de Dios, pero los hombres nos han ensenado a pensar como las gallinas. Y aún pensamos verdaderamente que somos gallinas, aunque somos águilas reales. ¡Extended vuestras alas y volad! Nunca os conformeis con los granos echados"!

¡Oh!, esto me va como el anillo al dedo, esta apuntando lo que vivo justamente, Sofía lo transportaba a ella. Cada vez más se aclaraba que la manera de convivir en la sociedad y la manera de funcionar en el campo profesional, este funcionar, es opuesto a vivir desde su propio interior siguiendo este camino interior, ¿si esta manera es un signo de civilización y de progreso? Por eso le pesaba tanto esta decisión, dado que es aún tan distinto..... porque tambien en ella misma se rompía mucho.

A la vez ella experimentaba y veía cuantas personas ya están sufriendo bajo esta manera de trabajar y nuestra manera de vivir, ¿por qué aguantan tanto? ¿Por qué nosotros mismos apoyamos esta situación tanto tiempo? En verdad, es aparentemente más fácil seguir la corriente, que quejarse y.y.y..... pero, ¿a qué precio? ¿Qué está haciendo esta manera de actuar con y en cada uno de nosotros?

En unos paises de Europa y en el mundo entero, ya van hombres por la calle y expresan lo que quieren en su interior; salen a la calle por sus convicciones más profundas, por sus deseos, por un trato digno..... ¿dónde nos encontramos nosotros ahora?, se preguntaba Sofía. ¿Cuanto tiempo más se puede aguantar esta manera de funcionar interiormente? ¿Qué es lo que nos paraliza? ¿de qué tenemos miedo? ¿qué nos impide a levantarnos dentro de nosotros mismos y decir Sí a si mismo.

Resucitar en uno mismo.

Mis contemporáneos ¿no sienten nada? ¿O es que esta voz finita, interior, se aplaca, por ejemplo, con mas trabajo, con alcohol o drogras, o con qué sé yo ???

Sofía presentía, para ella misma, que se trataba en este caso, en este momento, de dar más preferencia a lo que pasa dentro de ella. Darle más espacio y más atención a su vida interior.

Preguntas

1. ¿Tú tambien sufres o eres más bien un "causador"

   Escríbetelo. ¿Cómo tratas hasta ahora a la vida?

2. ¿Deseo ser un "causador" de las circunstancias de mi vida?

   ¿Estoy dispuesto a hacer algo por ello?

   ¿En qué partes lo deseo?

3. ¿Cuál es mi deseo frente a un trato mútuo en el campo profesional, social?

   ¿Qué puedo aportar yo?

4. ¿Qué me ayuda o aydaría para vivirlo en mi entorno?

   ¿Qué me lo impide?

Impulsos

Lo que de momento aún es una debilidad, con una aceptación responsable y una integración personal, se puede convertir en una fuerza.

Elige un aspecto en tu vida, la que va a ser ahora como la llave para un cambio en tu vida.

Ejercítate con constancia en lo diario.

Mantén la concentración y atención en este aspecto y revísalo de vez en cuando.

4.

Cuando el tiempo está maduro

**La decisión más grande
de tu vida está en esto:
que puedes cambiar tu vida,
si cambias tu manera de concebirla.**

Albert Schweitzer

Cuando Madura El tiempo

asi dejaba volar a mi mente.
¿Me encuentro en medio del tiempo
que es más maduro hoy?
En qué dirección hay que mirar,
para encontrar su crecimiento?
O - finalmente no se trata del tiempo,
sino - del observador,
por mi misma,
hasta que yo esté lista?
dispuesta?

56

Sofía estaba decidida fuertemente. Sí, yo quiero, se decía a sí misma. Por un lado ella estaba agradecida frente a la vida, por todos los grandes y pequenos avisos que recibiía de ella, y a la vez, estaba llena de orgullo. Orgullo, por ella misma, que ha encontrado el valor para realizar este cambio de dirección en y a través de su propio interior.

Sofía estaba sentada delante de un vaso de zumo. El vaso estaba lleno hasta el borde. Sí, de esta manera tambien me siento yo, se lo decía a ella. Llena hasta el borde, más aún en sentido transmitido, llenado con un contenido, a quien yo de esta manera ni quería. Mientras tanto seguía mirando al vaso.

¿Como puedo cambiar el contenido de este vaso, soltar lo antiguo y llenarlo con algo nuevo - con lo que yo me deseo desde lo profundo de mi ser? - pensaba ella.

Entonces tomó una hoja y empezó a dibujar. Despues de un tiempo, de repente, pintó un circulo grande con uno más pequeno en su interior y otro circulo grande igualmente con un círculo pequeño en su interior.

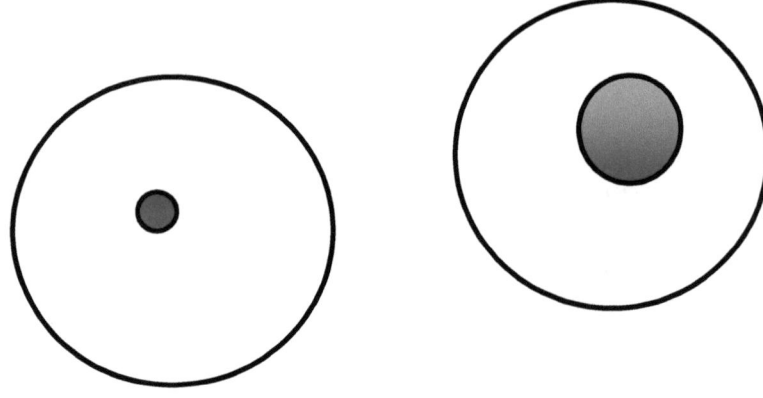

Ella miraba un tiempico a su dibujo y se preguntaba, ¿qué es eso? ¿qué significa?

Pasado un buen rato interrogándose, le surgió "una luz". El circulo grande soy yo misma, y el círculo pequeño dentro, es mi interior, mi alma, mi sabiduria interior, igual como lo queramos llamar.

El círculo grande se iba llenando durante el tiempo de mi vida con muchos - a ratos diversos y hasta opuestos - de ideas, pensamientos, sentimientos, resultando de nuestra sociedad, opiniones e ideas de mis padres, profesores, amigos. Todo eso, muchas veces, ni me dejaba respirar, ni daba la palabra a este nucleo pequeño mío - a mi alma -. Sofía lo vivía de esta manera: que el círculo pequeño estaba puesto debajo de todo eso, llenado por completo.

Ella percibía, que se trata de un camino primeramente yendo hacia dentro.

Sofía reconocía y sentía que en nosotros mismos hay una causa, un algo escondido, que nos puede llevar y conducir. Aún más, en ella misma crecía la sospecha que poco a poco se transformaba en una comprensión, que, si ella vive en unión con su interior, entonces nuestro nucleo, nuestra alma misma nos lleva hacia la Salud, el Equilibrio, la Satisfacción, la Paz y la Felicidad. Sofia sentía, que se trata de una vida en sintonía, en armonía con nosotros mismos, con nuestro interior.

Se trata de prestar, de regalar atención a nuestra voz interior. A confiarle, a dejarla acrecentar en ella, con que se concienciaba de su vida - como la ha vivido hasta entonces -. Más aún sospechaba, que se trata de aprender a distinguir, lo que es de ella, lo que le pertenecía a ella, y lo que se ha cogido por parte de los otros. Y lo que le siga sirviendo en estas circunstancias nuevas y lo que ya no.

Preguntas

1. Un camino hacia dentro:

   ¿Creo, que en el fondo de mi ser yace una verdad, la que puede conducirme, a mis quehaceres a mi bien y al bien común?

2. En el fondo de mi ser ¿quiero ser consciente de esto?

   ¿Llegar a sentir lo que es verdad?

3. ¿Me ha surgida ya la idea de optar y decidirme conscientemente hacia mi interior?

   ¿Darle la prefernecia ante todo?

   O ¿a que aún espero?

4. ¿Reconozco y vivo una interrelación entre una vida llevada de dentro y de encontrarme viva, de sentirme creativa?

Impulsos

1. Permítete sentir tu interior, sentir la verdad interior.

2. Ejercítate por ejemplo por la mañana durante un cuarto de hora, - tanto como te siente bien- a recogerte, a escucharte.

    O a la noche, después de pasar el día, deja pasar delante de tus ojos interiores y revisa, lo que te ha favorecido a sentirte bien, a crecer interiormente y lo que te lo impedía o te hacía sentirte mal.

3. Permítete experimentar vivacidad, a vivirla.

    Observa, si vives tales momentos y/o como puedes favorecerlas.

5.

La Fe
en mí misma

**Que poco ruido
hacen los milagros reales.**

Antoine de Saint Exupery

Cree en tí

Cree en tí,

tú tienes el valor de hacerlo.

Mejor aprender a jarrear,
sacar de la propia fuente,

en vez de ser Aguador de otros.

Guarda tu fuente limpia.

En vista de su momento nuevo de la vida, Sofía intercambía sus vivencias y sugerencias con unos amigos selectos y con sus hermanas, para recibir de esta manera más claridad y cómo podía configurar su tiempo futuro.

Finalmente, ya tenía claro de que iba ha tomarse un tiempo sabático. Quiere decir, que no iba a ir a trabajar, para dedicar más tiempo para ella misma.

La razón de todo esto han sido los momentos de silencio, de quietud, que por un lado disfrutaba con ellos y por otro lado sabía que tampoco le iba a ser facil ahora vivirlo asi, tan distinto.

Sofía comparaba este hecho, este camino para llegar a su núcleo interior, con el buceo. El tesoro, muchas veces, está puesto en los sitios más profundos y más oscuros. Ella pensaba: si diariamente aplico una o dos horas a bucear y luego saliendo de nuevo a la superficie, si en el próximo buceo tengo solo una o dos horas, no puedo llegar más profundo. Entonces puedo elegir otro lugar para el buceo, pero a más profundidad, tampoco voy a llegar. De esta manera me limito sólo a lo que pueda yo misma.

Este reconocimiento ha sido determinante, para liberarse totalmente. Y asi podría bucear cuando y cuanto quisiera y pudiera, hasta hallar su "tesoro".

Sofía era sabedora de que no todos los hombres eligen el mismo camino y tambien sabía, que algunas personas que buscan el tesoro y lo encuentran, finalmente, va a ser de interés, es decir, va a tener mucha importancia y valor para toda la humanidad. Asi nos lo enseña la historia misma, de algunos hallazgos que aún se habla después de unos siglos.

Sofía vivía el mundo como una gran familia de humanidad. Ella sentía que no todos tienen que hacer lo mismo, sino que todos nosotros aqui en nuestra tierra nos estamos complementando de una u otra manera.

Uno para todos y todos por uno.

De todas estas consideraciones hablaba la siguiente historia dirigida especialmente a Sofía:

El chico a quien le falta un brazo

Era una vez un chico, que nació con un solo brazo, el izquierdo le faltaba.

Pues ha sido asi, que el chico se interesaba por el Judo. El pedia a sus padres de participar en ello. Tanto que al final se dieron por vencidos, aunque no veian tanto sentido en esto, que él con su minusvalía eligiese este deporte.

El maestro, donde el chico aprendía, le enseñaba sólo un manubrio único y de este modo el chico debería ejercitarse una y otra vez. Después de unas semanas el chico preguntó: "Díme maestro, ¿no debo aprender más manubrios?"

El profesor le respondió: "Este es el único manubrio, que tienes que dominar."

Aunque el chico no entendió esta respuesta, se conformaba y seguia ejercitándose.

Una vez llegó el primer torneo en el cual el chico participaba. Y él se soprendió, porque vencía en el primer combate sin mucho esfuerzo. Con las vueltas se aumentaba tambien la capacidad de sus rivales, pero él lograba estar en el final.

Ahi se encontraba un chico, que era más alto, mayor y más fuerte en su constitución. Tambien el otro tenía mas experiencia que él. Unos le proponian renunciar a este combate desigual y tambien el chico mismo dudaba un momento, si él iba a tener una posibilidad.

Pero el maestro insistía en esta confrontación.

En un momento de desatención de su rival, logró el chico aplicar su único manubrio - y con este mismo ganó dando sorpresa a todos.

En el camino de regreso hablaron el maestro y el chico sobre esta lucha. El chico preguntaba: "¿Cómo ha sido posible, que yo solo con un único manubrio pudiera ganar el torneo?"

"Esto tiene dos razones. El manubrio, que sabes aplicarlo tú, es el más dificil y el mejor manubrio en el Judo. Además uno se puede defender con éste, únicamente, si logra coger el brazo izquierdo de su rival."

Y de pronto se iluminaba el chico y entendió, que su debilidad más grande era tambien su fuerza más grande.

Autor anonimo

Yo tengo la elección

Predeterminada

suena muchas veces de los rincones.

Pero ¿quién nos lo dice?

¿Ellos, que determinan
por dónde hay que ir?

Auto - determinacion,
elecciones libremente,

para esto hemos venido a la vida.

Pero en nuestro entorno

mucho aparece distinto.

Cómo funciona pues

esta auto - determinación dentro

en nuestro contexto social.

Preguntas

1. En mi vida diaria, ¿me regalo de vez en cuando unas pausas? ¿o tiempos para irme a dentro, a mi interiror ?

   ¿Lo hago con regularidad para que de esta manera yo me pueda preparar o alegrar antes y despues?

2. ¿Creo yo en mí misma?   ¿Tengo confianza en mi?

3. ¿Me puedo imaginar el dejarme guiar en mi vida y a mí misma, de mi interior?

4. En el caso de que sea asi, ¿puedo y quiero decidirme conscientemente para una vida con mi interior?, ¿con mi alma?

5. ¿Qué me ayudaría a esto?

6. ¿Creo tambien en una unión con todos los hombres?

Impulsos

1. Tómate cada dia un pequeño tiempo para ver dónde estas contigo misma, cómo, te has relacionado hoy contigo misma ?

   Ejercítate..... con regularidad.

2. Haz una lista con todos tus cualidades.

   ¿Aprecias tu misma tus dones y tus capacidades?

   Míra, dónde las puedes poner en práctica conscientemente.

6.

Auto-atención

**A la voz mas suave en ti,
vale prestar
la atencion mas alta.**

desconocido

Pisando tierra con ambos pies

Sí, de esta manera nos quieren ver
nuestros cercanos.
No es mejor nadar metida en la corriente de la vida,
una vez por arriba, otras veces por debajo -
para entrenarse de esta manera?
Qué piensas, de que se trata en la vida?
O
ya es todo demasiado tarde?
Oupa - de que se trata en el juego de la vida?
A travesar por poder, atracciones, frecuencias con
esfuerzo?
Está alerta.
No obstante, es igual dónde te encuentres,
la nivelación - el núcleo - es importante,
da sentido a todo.
Miro yo desde mi a fuera
se dice estás pisando tierra.
Miro a dentro, a mi interior - respetarme a mi misma.
Hónrate a ti misma -
dí Sí a ti.
Lo que eres es determinante-
para que te transformes a traves de la vida -
¿lo sientes - ya ?
Y O   S O Y.

De momento funciona el mundo justo al revés. Lo externo dirige y determina lo que acontece en el campo social, en el mundo profesional, y lo interior de cada uno se queda formalmente apagado, incluso hasta a no tenerlo en cuenta. Y como no lo sabemos mejor, hasta que en algunas personas se anuncia y grita su interior, su alma con más fuerza, como es una enfermedad, y entonces, de esta manera solícita, cautiva la atención.

Es verdad, que diferentes síntomas corporales producen, igualmente, distintas clases y tipos de enfermedad, y lo común es que reciben el mismo tratamiento de medicamentos. La industria farmacéutica nos lo puede explicar mejor, pues de esto vive.

Sí, el mundo externo tiene sus propias leyes y tiene que funcionar. En nuestro mundo globalizado hemos llegado ya a un extremo, que en primer lugar nos fijamos en intereses comerciales; como un hilo conductor se atraviesa por la manera de percibir y actuar en nuestros sistemas. Por ejemplo en el sistema sanitario, por los distintos servicios de cuidados. Siempre de nuevo, se exige más trabajo con menos personal. Muchos profesionales de estos grupos caen, como consecuencia de este fenómeno, en una crisis de sinsentido o indiferencia. Con esta presión intensificada - más rendimiento con menos personal - se encuentran muchas veces entre la espada y la pared.

Dando un vistazo a nuestra sociedad y campo profesional: como policias, profesores y muchos más, probablemente los que trabajan en el sector "servicios", se puede reconocer, que pasa esto. Es natural pensar en lo económico.

Se ha hablado y se sigue hablando mucho, clamando y no sé aún de qué....pero, ¿dónde empieza el cambio en el mundo?, ¿en nuestro mundo?, se pregunta Sofía. Y yo misma, si alguien sale de este embrollo, lo mismo sigue funcionando, pero yo he salido y me decido conscientemente para algo distinto, para algo que yo creo interiormente y de lo que estoy convencida. Claro, existen tambien riesgos - como por ejemplo los ahorros para la jubilación o de qué voy a vivir en adelante. Mas Sofia sentia y sabía que sí se dejaba orientar y guiar por dentro, siempre le había ido bien en la vida, siempre había salido "p'alante". Ella ha tenido siempre lo necesario y más. Esta ha sido su experiencia hasta ahora.

Sofia reflexionaba, que si más hombres escuchasen su interior, si más se levantasen ellos mismos, interiormente, si no se dejasen tratar de esta manera, si quisieran autoestimarse, respetarse, entonces un buen número de personas harían un impacto real en nuestra sociedad. Imagínate a estas personas que se dejan guiar por su interior, por ejemplo, ya no tendrían efecto los anuncios.

Esto quiere decir, una modificación interior lleva a un cambio en el exterior. De esto se alegraba Sofía, a la vez que sabía tambien, que su camino es escuchar a su interior - a darle más espacio en su vida. Es necesario aprender a oir su voz interior, a dejarse guiar por ella hasta llegar a estar en armonía con ella. Como hasta aún no se ha ejercitado en ello, ahora quiere ejercitarse y darle preferencia.

Ella sentía, si yo camino sola, autónoma, unos pocos pasitos dejándome guiar por mi interior, aunque no haya hecho mucho ejercico, este tendrá una gran influencia y fortaleza para mi experiencia a sentirme auto-realizada, cumplida.

Ahora reconocía: que estas viviencias de sentirse sometida, cumplir y sentir actuaciones impuestas, esto es lo que aumenta la presión en uno mismo.... con o sin sentido.

Sofía sentía de esta manera la importancia y urgencia de confrontar en ella misma todas estas circunstancias y situaciones en las que cada uno estamos metidos en nuestra sociedad. Reflexionándolo en su interior, dejarlo madurar y escuchar su voz interior para derivar de ahi y crear su actitud personal y consciente.

Quien no vive conscientemente da influencia y entrada a otros, aunque piense que es autónomo, se deja manejar, se deja seducir.

Ella experimentaba que el factor más importante de todos, es tener en cuenta su propio interior - es decir - tenerla en cuenta y apreciar su contenido propio, para poder llegar un día a integrar su vida y gozar de su valor y contenido:

Estimarse a sí misma, respetarse a sí misma.

Por propia experiencia sabía, que si alguien vive distinto, los hombres de su entorno lo reconocen de esta manera y le tratan tambien distinto.

Una persona en presencia pública, autoconsciente, ¿que tratamiento recibe este de su contemporáneos?

Una persona que quiere hacer todo según lo que otros quieren y esperan de ella, ¿cómo se le trata ?

Sofía sentía que ella quería invertir su vida en algo que diera buen sentido a ella misma, a la vida..

Mejor **ser un original**, que una copia de alguien; ella ya no queria jugar con su vida, sabía que, en ese caso, perdía su vida y su tiempo. Esta ya no lo pretendía más.

Sofia sentía y percibía: este, lo que esta haciendo ahora, *a lo que esta dando preferencia y tiempo*, se le iba revelando poco a poco algo más de su interior, de ella misma. Esto lo siente intuitivamente en su fondo, más aún: **que se queda para siempre, eternamente.**

Sofía experimentaba en ella misma 'que el tiempo esta maduro para ella', y quien quiere ir por este camino, tiene que hacerlo en su ritmo propio. Y ahora le surgía: si, el camino es la meta.

Preguntas

1. ¿Siento personalmente presión en mi vida?

   ¿Presión por parte de fuera, o presión que yo me hago a mí misma?

2. ¿Cómo manejo esta presión?

   ¿Me mantengo en ella,.... o ???

3. ¿Tomo en cuenta mi voz interior conscientemente?

4. ¿Tengo conocimiento de esto? ¿presto atención a esta voz interior, que ella misma se me hace, cada vez, más clara y entendible?

5. Un hombre "que funciona", ¿se siente mejor y es creativo?

6.   ¿Me he concienciado ya de esto:

Quién no vive consciente, ¿este se deja llevar por ....? ¿la corriente?

7.   ¿Estoy dispuesta a poner mi parte para una sociedad y un trato común más digno, más humano, más de dentro?

Impulsos

1. Apúntate ¿cuándo y en qué situaciones te produce presión?

    Empieza igual con una situacion.

    Imagínate cómo quieres dar solución a esta situacion. Entonces: siéntete a tí misma, dentro de ti; siéntete...cómo vives entonces, y cómo te vas a sentir cuando te comportes de tal manera......y a partir de este momento, compórtate tal cual, siendo sabedor y confiando que esto es así.

2. Elige un aspecto del mundo profesional o de la sociedad, a la que quieres revivir o fortalecer, conscientemente, con tus propios actuaciones,.

    Ejercítate en este aspecto.

    Mira y siente ¿ qué hace esta realización en tí?

    ¿Qué provoca en tí?

7.

Ponerse
en marcha

**Todo empieza
con el anhelo.**

Nelly Sachs

El retorno a mi misma.

Comienza

si, retorna, regresa a ti mismo.

Ponte de pie...

di si a ti misma.

Aceptate,

levantate en ti misma.

Acogete,

aceptate a ti misma,

di si - a ti misma.

Desde los principios de los tiempos
tu alma ya lo ha hecho.

Y tu - porque tardas?

Esperiméntate a ti misma.

Si - lo vive y respira en ti, en mi.

Lo sientes?

Yo Soy.

Sofía empezaba a buscar una vivienda con un poco de jardín en una zona algo rural. Con mucha suerte ella encontró una relativamente rápido. Estaba bien, no demasiado grande, ni deamsiado pequeña .... justo bien para ella. Sus amigos y hermanos le ayudaron con la renovación de la vivienda como tambien en la mudanza.

De esta manera, a los pocos meses, Sofía se encontraba en la situación deseada - y totalmente nueva.

Lo más curioso es que todo se realizaba como ella quería. Claro ha sido un tiempo más movido, pero interiormente se encontraba bien, es decir, se encontraba satisfecha y alegre.

Además tenía un sueño muy hermoso en este tiempo.

Un día Sofía se encontraba en uns bosque.

Todo le parecía tan real que tenía la sensación de que el suelo en el bosque parecía moverse un "pelín", se balanceaba.....y sentía cómo el viento pasaba suavemente por su cara, como que le acariciaba. Y se bañaba en los rayos del sol que atraviesan las coronas de los árboles y penetraban con su luz su cuerpo y su cara.

Un sentimiento de alegría despertaba y tomaba sitio en Sofía. Mientras seguía andando escuchaba el canto de los pájaros en la bóveda del bosque; sonaba alegre y libre. También le parecía oler el perfume de la madera y de las hojas ..... sentía un aire fresco y limpio...... que fortalecía a Sofía.

Respirando le sentía como si con cada respiro le entraba en su interior esa Luz, esa Alegría... esa Vida... y aspirando salía de ella todo lo que antes le pesaba, le cargaba y presionaba ..... su presión interior..... y ahora sólo necesitaba dejarla salir.

Vida, Luz y Alegría le entraban cada vez que respiraba y aspirando le salían la presión, la carga.

De esta manera Sofía anduvó un buen rato, hasta que cayó en la cuenta lo bien que le sentaba todo esto.

En la distancia veía algo clarito, llegando a este sitio, veía algo que se abría en el bosque, un claro, y delante de ella apareció un lago, el más claro que ella había visto hasta entonces. Los rayos del sol se reflejaban como cristales brillantes. En el fondo caía una cascada, cuya agua terminaba en el lago.

Sorprendida por tanta hermosura, Sofía se sentó en una piedra, desde donde absorbía la armonía de este lugar y se dejaba cautivar por la interelación de los distintos elementos: tierra, agua, aire y sol. Todo era tan armónico, que cada vez se relajaba mas profundamente.

Después de un buen rato, Sofía se sentía como una parte más de todo este entramado, en una unidad.

Cuando levantó la vista y paseó su mirada por aquel lugar, cayó en la cuenta de una indicación que había a la orilla del largo que decía: "entra y *te purificas....*"

Sofía se decidió a quitarse su ropa que dejó alli en la orilla, luego sumergió primero los dedos en el agua y vió que estaba justo a una temperatura agradable, tan refrescante como le gustaba a ella.

Después entró en el lago, con sus manos cogía agua y empezó a dejarle caer suavemente sobre su cuerpo y cuando se hubo acostumbrado a la temperatura se metió totalmente.

Tenía una sensación muy agradable moviéndose en el agua y Sofía experimentaba cómo, poco a poco, se desprendía algo de ella. Algo que ella no necesitaría más, algo que con el paso del tiempo había acumulado: lo que le ha producido - dolores antiguos, sobrecargas, suciedades .... todo lo que le había des-equilibrio, ahora se desprendía de ella. Todo lo que ella siempre mas se ha llevado con ella, si, este se caía de ella...

Sofia se quedó en el agua tanto tiempo como se sentía bien.

Cuando salió, tan aliviada del lago,llamó su atención la cascada cuya agua caía de manera uniforme, de la cima de la roca abajo al lago.

Entonces se dirigió hacia la cascada, y, llegando allí vió que había algo escrito en la roca. A la izquierda ponía: **"Honestidad"** y a la derecha: **"Respeto frente a tí misma"**.

En ella surgió la idea, de qué se podía tratar, y con su buena experiencia anterior, entró con curiosidad y llena de confianza se puso debajo de la cascada, donde tambien sentía el agua agradable.

Poco a poco quitaba el agua todo con lo que ella misma se había engañado, donde había sido deshonesta consigo misma y donde había dado preferencia a lo de fuera y, con esta manera de actuar, se había traicionado a sí misma, a su interior. Aquí, debajo de esta cascada, recibía ella purificación, sanación y una energía totalmente nueva, limpia.

Sofía no entendía como se daba todo esto.... pero si experimentaba, lo que estaba pasando: se sentía ligera, pura y totalmente en unión consigo misma.

Ella sentía hacia esta pureza, ligereza y fuerza la que ha surgido en ella a través de este procedimiento.

Desde su interior surgía, cuanda quiera y lo necesite puedo volver aqui, al lago y a la cascada. Y asi se quedó aún un buen rato. Sofía vivía ahora como que ella había regresado, había encontrado de nuevo su estado natural - experiencia original - de estar entera, íntegra y sana.

Saliendo de la cascada, Sofía agradecía tanto a ella como al lago su servicio. Ahora se dirigía a recoger su ropa, y cogiéndola cayó en la cuenta de que mientras tanto había cambiado. De repente se encontraba con una ropa que correspondía a su nuevo estado real de estar. Sofía desplegaba los vestidos y los miraba atentamente. Luego tocaba finamente con sus dedos encima de esta noble y bella tela, tan suave como jamás había sentido antes.

Los ojos de Sofía no se cansaban de ver tanta belleza. Con precaución y atención se vestia y experimentaba una energía nueva, que con los vestidos le traspasaba a ella.

Notaba que ahora andaba dignamente, ligera y orgullosa; lo sentia en su interior y notaba el cambio en ella misma. Luego se dirigió al lago y encontrándose con su imagen que se reflejaba en el agua, le impactó mucho. Sofía veía un ser digno, recto y agraciado.

Profundamente conmovida por esta imagen, llena de admiración daba saltos de alegría y bailaba airosa, alegre y libre, hasta que se dejó caer en una manta que le esperaba ahí, en la hierba.

Sofía se despertaba ahora alegre, ligera y plena: ¡qué sueño!, pensaba ella y lo experimentaba todo tan real. A la vez se daba cuenta de que había recibido a través de él un instrumento para su diario, que según su necesidad podía aplicarlo. Simplemente maravilloso.

Después del desayuno, Sofía se sentó para apuntar lo vivido en el sueño. Se sentía alegre y pura, y estos sentimientos le acompañaban ahora durante el día y, curiosamente, se acordaba varias veces del sueño con sus viviencia.

Preguntas

1. ¿Sé yo, que cada uno tiene su propio ritmo, tanto al andar como al trabajar? Si, ¿ para todo?

2. ¿Sé yo, que una vida según mi ritmo personal produce en mi salud, bienestar y felicidad?

    Y al contrario, si no lo tengo en cuenta esta realidad de mi ritmo personal y me acojo a otros ritmos ajenos, fuera de mí, ¿me perjudican a mi interior, a mi salud?

3. ¿Puedo decir SI a mi misma?

    ¿Aceptarme tal cual como soy?

4. ¿Me he auto-perdonado una vez, cuando estaba equivocada o cuando tuve una opinión errónea frente a mí misma?

5. Una situación nueva, ofrece tambien nuevas posibilidades.

¿Deseas cambiar alguna situación o comportamiento tuyo?

Impulsos

1. ¿Tienes o reconoces algún aspecto, el cual aún no puedes aceptar totalmente? Ejercítate en hacerlo conscientemente.

2. Ejercicio de respiración:

   El aliento es "el medio" que nos une con la vida. El ejercicio siguiente lo puedes hacer tumbada, oyendo música de relajación o tambien al andar consciente.

   A través de la respiracíon : aspira la vida, luz, confianza ... llenate con ello.

   A través de la exhalación consciente, deja todo lo que te pesa, toda presion.

3. Ejercicio diario:

   ¿Dónde y cuándo he sido honesto conmigo misma ?

   ¿dónde y cuando me he respetado a mí misma?

4. Ejercítate a tener confianza en tí misma.

Empieza con una acontecimiento concreto, con un intención.

Al final del día reflexiona sobre cómo lo has llevado a cabo durante el día.

8.

Vida Nueva

**Nosotros no recibimos la sabiduria,
La tenemos que descubrir por
nosotros mismos,
durante el traspaso de un viaje,
que nadie
lo puede realizar por nosotros ni
salvarnos de lo mismo.**

Marcel Proust

A parte de unos pequeños detalles, Sofía ya está bien colocada en su casa nueva. Ya esta todo en su sitio.

El jardín estaba planificado, por su dueño anterior, con mucho gusto. Le gustaba a Sofía: en el centro había hierba y al margen de ella estaban plantadas varias plantas y arbustos que lo cercaban. Todas las plantas habían sido elegidas y resistían también por el invierno, esto se lo había comunicado su dueño anterior. Por eso Sofía decidió dejar el jardín tal cual. Sólo queria añadir en un rincón un sitio para plantar y cultivar distintas plantas aromáticas y hierbas.

De esta manera, ella podía empezar con lo más importante: configurar y aprobar su nuevo ritmo diario. Quería hacerlo para que todo favoreciera su atención, y crecimiento interior en este su momento personal. Y estaba muy decidida a hacer todo lo posible por ello. Por eso hoy se ha levantado sobre las 7.30 h. Después de su aseo, personal, se retiraba con una taza de café ..... abierta para el silencio.

Sentía que tenía que dar preferencia a su interior, queria escucharse en este espacio, al estar despierta interiormente.

Cuando hubo leído varios libros, en uno de ellos Sofía encontró que Eckhard Tolle - que se hallaba en una situacion semejante - había pasado los días durante dos anos en un banco, en un parque. Y entonces, Sofía pensó: empecemos.

A través de todo lo vivido anteriormente, ella seguía decidida a hacer su propio camino. En ella misma había madurado esta convicción. En verdad, no se lo podía explicar, pero sentía, ella misma, en su interior, que estaba preparada, madura en este momento, de experimentar y entregarse totalmente a su propia verdad .... permitírlo y dejarlo realizar.

Al cabo de una hora, más o menos, desayunaba. Como era primavera amanecia pronto. Tambien es una estación propicia para abrirse a algo nuevo, y Sofía pensaba, que la naturaleza acompañaba a comenzar de nuevo. Las ramas de los árboles ya tenían brotes, y las flores se abrían a la luz del dia. Sí, tambien la naturaleza está en su punto de partida y los pájaros cantaban alegremente otra vez, despues del invierno. Así, el corazón de Sofía se abría también a todo aquello.

Después del desayuno, Sofía repasaba su correo electrónico y leía las novedades en el internet. Luego iba al jardín y empezaba a cortar las ramas secas y a remover la tierra para que las otras flores pudieran salir igualmente bien.

¡Qué bien, tener tiempo para poder hacer lo que me pasa por la mente o lo que me surge de dentro! pensaba Sofía durante una pausa, tomando una taza de café. Mis colegas de antes y muchos otros contemporáneos están trabajando ahora.

Sofía miró al cielo y vió un pájaro grande - como un águila - que volaba con las alas extendidas, sólo se dejaba llevar de las corrientes del aire, sin ningún esfuerzo, sin mover sus alas. Le parecía tan fácil, tan ligero.

Pronto se hizo mediodía, ¿qué tengo para comer? se preguntaba ahora Sofía. Antes podía comer en la cantina. Pero ahora le tocaba hacer compras y prepararlo todo una misma. Para esta vez Sofía improvisaba algo. Después de su comida, cogía su bici y se daba una vuelta con ella, saludando a la naturaleza de nuevo.

Anda más veces en el bosque que leer en libros o en la Tableta. Arboles y piedras te van a enseñar más, lo que no podrás aprender de Magistros ni lo que vas a oir de ellos.
Bernado de Clairvaux

Sofía sintió al instante qué bien le sentaba tanto el movimiento corporal como el estar en la naturaleza, abrirse a la naturaleza.

Por la tarde, al llegar a casa, primero se refrescaba y luego, de nuevo, se iba a escuchar el silencio durante más o menos una hora. A continuación se interesaba por las noticias y después entraba al internet.

Al atardecer sentía Sofia que este transcurso del día podía ser un ritmo para ella y poder sentir su interior, para darle el espacio necesario a ella misma y con este a su vida.

Un vecino suyo tenía un corral con unas gallinas. Aparte de que durante el dia - a veces tambien al atardecer - cantaban, la enseñaron tambien un ritmo: los pollos despertaban con la luz del sol y, al atardecer, con la puesta del sol se retiraban. Sofía notaba, que conviviendo con la naturaleza, ella tenía la posibillidad de entrar en un ritmo biológico, natural.

En la ciudad había faroles en las calles - lo que allí tiene mucho sentido - ....la luz artificial podía iluminar la noche, cuando los hombres van al turno de trabajo nocturno y otros están saliendo a la calle, en su tiempo libre, a tomar unos fresquitos. Y otros pasaban la tarde con una cerveza o un vino frente a la tele dejandose llenar de lo presentado y luego volvían a casa. Sofía en su nuevo entorno vivía ese ritmo de vida que ahora era distinto.

De esta manera Sofía experimentaba cómo ella misma se abría poco a poco a estas circunstancias nuevas. Interiormente despierta, sentía de repente - así ella lo vivia - cómo la vida misma le empezaba a comunicarle.

En la medida en que Sofía permitía a su interior este espacio en su vida, empezó a comunicarse, a intercambiarse con (su 'interior' y 'ella' son 2 partes distintas) ella. Y por otro lado ella se encontraba, a través de estas experiencias, en condiciones de revisar sus propias actitudes y comportamientos adoptados en la sociedad.

Sofía sentía que actualmente tenía la elección de poder hacer tanto lo uno como lo otro, y, desde entonces, nunca más llevar una vida monótona, sino que ella misma podía determinar cómo quería vivir, a qué ritmo - buscando y experimentando el suyo propio y manteniéndose en él.

Entonces Sofía se dedicaba a ver la tele, como estaba acostumbrada, y a la vez también le servía como lazo con el mundo, con la sociedad, y ver lo que pasaba fuera de ella.

De esta manera Sofía se introducía a una nueva manera de vivir. Un día, una persona conocida le entregó una tarjeta profesional de una mujer que acompaña a personas que andaban buscando un camino espiritual.

¡Maravilloso! tantos años viviendo y funcionaba de distinta manera y ahora, cuando me he decidido emprender un camino nuevo para mí, a seguir a mi interior, aparecen en mi vida, como de la nada, unas señales y personas nuevas.

Sofía se alegró de esta información y desde que supo de la existencia de esta mujer, se acordaba de ella varias veces al día. ¡Qué bueno sería dejarse acompañar de una pesona, que ella misma, a su vez, ha pasado por este mismo camino interior, y que Sofía conocía por propia experiencia y con lo que una puede y se va a encontrar en su travesía! Pues sí, Sofía se alegraba de que esa mujer pudiera acompañar a personas que andan o quieren andar en él.

Hoy Sofía llamó a esta mujer y concertaron una cita para dentro de cuatro semanas, de lo cual ella se alegraba mucho.

La Llave

Sencillos son estos pasitos nombrados,
dificil se hace mantener el paso.

La llave está exclusivamente
en el uso diario,
pués ..... lo quieres tú tambien así ?

Entonces, adelante en este caminar,
hasta llegar a este efecto y
reconocimiento " Aha " ....
Esta experiencia misma te va a atraer
más y más,
hacia ti misma
a seguir adelante
en este camino interior.

Preguntas

1. Yo misma, ¿estoy convencida tanto de algo, que puedo emprender con ello un camino nuevo?

   ¿De qué?

2. Creo en este, ¿que mi interior me puede enseñar mi camino?

3. **Diariamente unos minutos:**

   Siéntete a tí misma: ¿qué te hace sentir bien y qué no.

   Todo su eficacia positiva revela este instrumentario sólo, sí cada día te tomas de diez o veinte minutos para ello. Bien esta haciéndolo siempre a la misma hora (efecto de costumbre).

   Efectos segundarios:

   Después de un "tiempíco" puedes notar que andas más positivamente por el mundo; que te sientes más consciente y más viva, más tolerante y que puedes disfrutar más. Y que te sientes de manera natural, más relajada.

4. ¿Confio en mi misma.... o confío más en los otros?

5. ¿Estoy dispuesta a comprometerme con ello? ¿Totalmente ?

   .... o ¿qué me bloqua o me resta fuerza para hacerlo?

6. Seguir nadando en la corriente del tiempo es facil .... ahí pocas veces uno se encuentra a solas.

   Pero ¿qué piensas tú? ¿dónde se oculta "el tesoro", en la superficie o ...?

   ¿Qué quieres tu ...... ahora?

Impulsos

Ejercicio:

o   Tómate tiempo, tanto por la mañana como por la noche sólo para tí - si es posible, siempre a la misma hora.

o   Toma un cuaderno y apunta en él, cada vez, tres viviencias:

    * que te alegraron, que te hicieron
       sentirte bien;

    * y otras que te molestaban, que te
       hirieron,
       que te hicieron sentirte mal.

o   Escúchate a tí misma; siéntete por dentro.

o   Después de haber realizado este ejercicio, mas o menos durante un mes, tómate un tiempico para revisar tus apuntes.

o   ¿Encuentras aqui un hilo rojo?

o   o ¿un desarollo?

o   Y sigue, como ya estás acostumbrada.

„La recompensa mas alta
para nuestros esfuerzos
no es,
lo que recibimos por ellos,
sino,
a lo que nos transforma."

John Ruskin

9.

Escuchar
a la voz interior

Mira a tu interior.
Ahi esta la fuente de todo Bien,
que nunca termine de emanar,
si tú no terminas a escavar.

Marc Aurel

Ajuste

Muy adentro de tí - sí - ahí duerme un tesoro

¿lo sabias?

Pues existen personas, a las que todo va bien.

Por qué ?

Porque son niños de domingo o

porque han nacido
bajo la estrella de la suerte?

Mas bien:

porque **beben de su propia fuente**.

Quieres que te funcione tambien a ti?

Para ello hace falta como antes en la radio
nivelar, ajustar la frecuencia -,

pués entonces tambien a ti misma
Así T O D O va a funcianar.

Sofía estaba ya bien asentada en su nueva manera de vivir. Ya tenía marcado un ritmo diario como tambien un contenido. Además el trabajo en el jardín y las salidas con la bici le favorecían un equilibirio entre el trabajo interior y el movimiento corporal. Tambien veía que la naturaleza es una gran maestra. Sí, sentía y vivia que lo que pasa en la naturaleza, le estaba enseñando. De ahí, Sofía derivaba enseñanzas para su propia vida.

Cada mañana, después de su primer tiempo de silencio, Sofía apuntaba igual un sueño de la noche o algo de su estado emocional de su vida actual. Y al anochecer complementaba estos apuntes con lo vivido en el dia - cómo ella lo había vivido - hacia qué dirección se mueve y desarolla interiormente.

Todavía no lo entendía del todo, pero algo en su interior le movia para realizarlo de esta manera. Aunque Sofía tenía "poco" trabajo y pocos contactos sociales y aunque no dependía de entradas financieras, sino que vivia de sus ahorros - aún asi se sentía bien, llena de la vida como se desarrollaba actualmente.

Una noche Sofia soñaba:

que estaba echada sobre una hierba bonita, verde, con muchas flores y sentía el fondo suave y perfumado. Por encima de ella se estremecía un cielo claro y azul.

117

Sofía respiraba profundamente, y recibía por dentro, la belleza y la pureza de esta naturaleza virgen.

Levantando su cabeza notaba que, en la lejanía, a la derecha, algo destellaba. Su curiosidad le hizo orientar sus pasos hacia ahi y buscaba qué provocaba este destello. Sofía se encontró delante unos arbustos que se inclinaban hacia un lado y, con gran asombro, encontró ahi la entrada a una cueva. Y vió tambien un metal, que probablemente había originado el destello con el sol.

Bueno, la curiosidad de Sofía estaba satisfecha y siguiendo entró dentro de la cueva.

Al principio aun entraba algo de luz de fuera, pero poco a poco se oscurecía la cueva cada vez más, tanto que empezaba a caminar intuitivamente y con los brazos estirados para poder tocar si algo se le ponía en el camino. Andaba muy atenta. De repente vió en la lejanía algo clarito ..... una luz, una luminusidad o algo así.

Sofía seguía andando con precausión.... yendo hacia esa luz que se le hizo cada vez más grande y, finalmente, se quedó asombrada cuando se encontró, al final de este pasillo, en un espacio abierto, una bóveda y se paró delante un arcón abordado con unos hierros dorados. El arcón estaba abierto y lleno de muchas objetos brillantes ..... Wow

Sus ojos andaban de aquí para allá mirando las cosas de este tesoro que salían del arcón y que se encontraban tambien fuera de él, alrededor. Había unos cálices dorados y de plata.... piedras preciosas y muchos objetos brillantes más. Parece que este tesoro en sí, había sido el origen de la luz que ella había visto antes en el pasillo.

Sofía, abrumadamente, dejaba pasar su vista, no se podía saciar de contemplar tanta belleza y preciosidad que nunca antes había visto. De pronto notó, como por un lado se acercaba una criatura y sintió el abrazo de la misma. Ella se lo permitía. Extrañamente se sentía muy bien, lo experimentaba como confiado.

Sofía sintió surgir una gran alegría en ella. Después de un gran rato en este abrazo, la criatura se dirigió a ella diciendole: ¡"Qué bien, finalmente estás aquí!"

Sofía estaba perpleja, pero seguía esperando. La criatura muy amable seguía: "todos estos años he guardado tu tesoro aquí, para ti".

Sofía se quedó asombrada, sin palabras, y se dejó empapar de lo que estaba viviendo en ese momento, mientras la criatura seguía hablándole: "siente qué grande, qué soberano es el tesoro", le animaba a Sofía, " es   para tí, ¿te acuerdas?"

Sofía estaba impresionada enormenente y algo confusa a la vez; y se sentía bien, muy confiada, tanto en el trato con la criatura como con el tesoro.

"¿Tienes una idea, por qué llegas ahora mismo aqui?", le preguntaba a Sofía?"

Igual el anhelo de una sospecha tenía ella, pero algo insegura meneaba la cabeza como diciendo que no.

"Durante varios años has buscado en lo de fuera, sentías que ahí todo era tan distinto - si eres honesta contigo misma - porque en el fondo nunca te ha llenado, ni contentado totalmente.

Toda tu intranquilidad, tu búsqueda, tu curiosidad, te ha traido aquí, te han traído a tu casa.

Siéntate .... y aspira profundo ¿cómo experimentas esto?

Ya se ha cumplido el tiempo para tí, también otros estan empezando a ponerse en camino, de nuevo conmigo, a vivir con su tesoro interior, a familiarizarse de nuevo con él. De esta manera a dar entrada a su vida en el AQUI y en el AHORA.

Depende sólo de ti. Sábete: cada uno tiene su tesoro y tambien su momento personal, cuando se junta de nuevo con él y cuando comienza a levantarse y a vivir de nuevo, hasta llegar a ser uno con él.

Cómo te decidas y cuándo: Todo está bien.

Sábete: yo estoy aqui y te espero."

Después de estas palabras, Sofía ya no vió más a esta criatura.

Sofía dejaba pasar una y otra vez su vista sobre este tesoro tan hermoso. Impresionada de tanta belleza y tambien por el encuentro reciente con dicha criatura. Al cabo de un rato, se decidió a volver. Y poco a poco Sofía empezaba a despertar, dandose cuenta de que se encontraba en su cama.

Después de unas semanas, este sueño seguía impactando a Sofía. Todas las viviencias en él han sido tan reales que, de vez en cuando, las recordaba en su diario.

Si yo soy el tesoro -

así lo he vivido ahora y

Sí, se trata - de levantar este tesoro,

a partir de ahora, vivir yendo hacia él,

hasta que lo experimente

tambien dentro: en mi interior,

este tesoro, que **YO SOY.**

Preguntas

1. ¿Estoy pasando un tiempo en la naturaleza? ¿Con regularidad?

   ¿Cómo me siento después?

2. Mi desarollo personal, ¿pienso en él?

   ¿Me dedico a ello?   ¿Qué rango tiene en mi vida?

3. ¿Estoy intercambiándome con otras personas sobre lo que me pasa interiormente?

4. ¿Quiero andar - con la mirada puesta en la meta - por este mi camino interior?

Impulsos

1. Sólo por un día (al principio): pon tu autodesarrollo en primer lugar.

    Al final del día resume tus experiencias con está decisión.

2. ¿Te animas a seguir, conscientemente, con este ejercicio?

10.

El camino es la meta

**Tú tienes que saber,
que tu hogar verdadero
yace en tu interior.**

Q. Jones

Sofía ha tenido hoy su primer encuentro con esa mujer, que acompaña a personas que buscan, que van por un camino interior.

Ahora, después de su encuentro con ella, se sentía bien ahí, entendida y verdaderamente acogida en sentido amplio. Tambien se encontró con otras personas que, a su vez, buscaban un acompaña-miento cada una caminando en su propio camino interior.

Todo esto alegraba mucho a Sofía y se sentía muy animada a seguir andando por su camino personal a su centro interior.

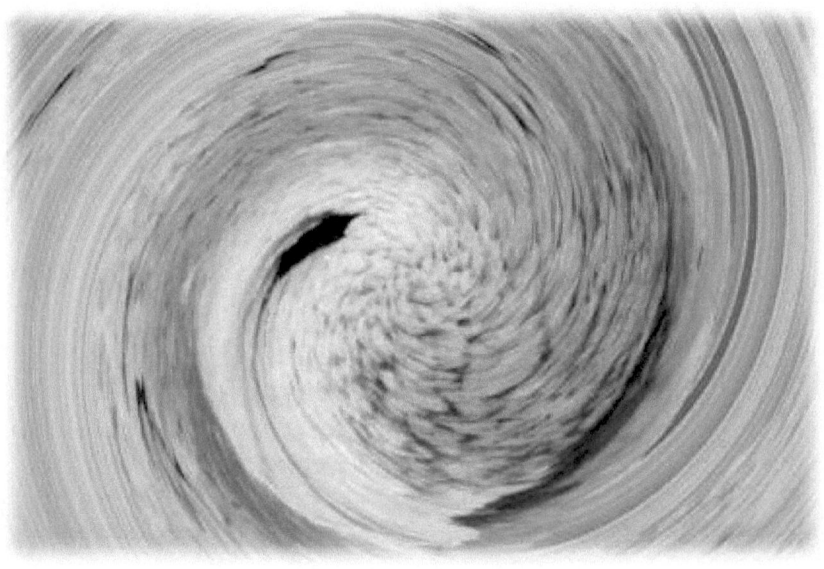

Negocio del núcleo

En el día a día si pretendo acordarme de
algo....

me callo y me dirigo a mi interior.

A veces lo surge, entonces, dentro de mi -
que alegría -

otras veces completan mis amigos mi vacío.

Aún cuánto más patente es adentrame en mi,

si quiero experimentar hacia mí misma, hacia
mi núcleo.

Sabiéndolo, el núcleo está dentro
- en el centro -

envuelta de diversas capas de funcionamiento,
costumbres, protección.

Como una cebolla,

se trata de quitar las capas.

El camino hacia ahí,

¿cómo lo puedo encontrar?

Decídete para ello, y

entonces se te va a revelar.

Muchas palabras o explicaciones no ayudan

nada,

sólo la realización te trae luz, te aclarará,

y te devuelve la alegria, la vida y la plenitud.

Sencillamente: sentir y actuar

y de esta manera andar por la vida.

Sí, Sofía sabía de estas experiencias: sentir y actuar y según su propio ritmo personal, que le sienta bien. También por experiencia sabía que ella misma mantenía agusto cierto orden, pués el orden que tienes tu, este mismo te mantiene a ti. Esto ya lo sabía San Agustín.

De esta manera vivía Sofía a su ritmo, alegre y agradecida, aunque al principio, había necesitado valor para ponerse en este camino y andar por él, y por haberle favorecido el proceso de "cambio de perspectiva" en su vida.

De vez en cuando en ella surgían unos "relámpagos" (aclaraciones), dándole respuestas desde su interior. Cuando esto le pasaba, se alegraba mucho, y le estimulaban, y a ratos de ellos mismos le resultaban a ella metas nuevas.

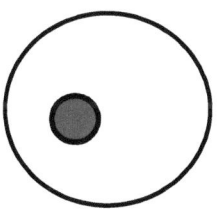 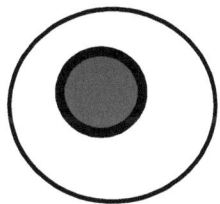

Había momentos en que Sofía vivía conscientemente el regalo de este tiempo extraordinario que la vida le estaba brindando y que ella misma lo ha acogido y lo está desempaquetando... y descubriendo.

En este contexto, Sofía recuerda unas palabra de Nelson Mandela:

Cada persona esta destinada a brillar !

'Nuestro temor más profundo no es
que somos meramente idóneos.

Nuestro temor más profundo es que
tenemos poder más allá de toda medida.

Es nuestra luz, no nuestras tinieblas,

lo que nos atemoriza.

Nos preguntamos¿quién soy para ser
brillante, maravilloso, talentoso y
fabuloso?

En realidad ¿quién eres para no serlo?

Tu eres un niño de Dios.

Si actuás de forma pequeña
de nada le sirve al mundo.

No es un acto iluminado encogerse para
que las otras personas a tu alrededor no se
sientan inseguras.

Hemos nacido para manifestar la gloria de
Dios que se halla en nosotros.
No en algunos de nosotros,
está en todos.
Y cuando permitimos
que nuestra propia luz brille,
inconscientemente le damos permiso a la
otra gente para que haga lo mismo.
A medida que nos liberamos
de nuestro propio temor,
nuestra presencia automáticamente libera a
los demás".

(Nelson Mandela, palabras en su toma de posesión presidencial 10.05.1994)

11.

Meta a alcanzar

**El único regalo verdadero,
es un trozo
de tí misma.**

R.W. Ermerson

Sofía conocía y recordaba la valentía que le hizo falta al principio, para decidirse a adentrar y ponerse en este camino, por lo menos para ella, ha sido asi.

Tambien Nelson Mandela sabía de ello en su tiempo, y además lo ha descrito él mismo muy bien.

Pero Sofía tenía la sensación de que cuantas más personas van por este camino, tanto más ligero y más natural se va a hacer luego para otras personas. Por lo menos en ella misma ha sido así. Ella siempre se ha alegrado de tener buenos ejemplos en su vida.

Por eso desde aquí agradecemos tanto a Sofía como a las demás personas que en nuestras vidas nos han servido como ejemplos, las que se han puesto en camino - en su camino interior , y las que por esta causa andan hacia su propio centro.

Damos tambien las gracias a las que ya están en el camino, y las que comparten agusto y con buena voluntad su experiencia con nosotros, para que con su ejemplo nos estimulen a ponernos en camino igualmente.

De esta manera adelante.... **hacia al núcleo**

y por este camino - desarrollar y favorecer el surgimiento de estas chispas de luz de nuestro SER, dentro de nosotros mismo, hasta llegar **al núcleo**.

Epílogo

Impulso
quiero dar,
Animar
al cambio, vuelco.
Estimular la
coyuntura interna -
sin perder muchas palabras.
Sólo tu experiencia te va a mostrar,
te va a instruir,
para vivificar en ti la luz, la claridad,
el sentido y la alegría.
Sí, de esto quiero dar testimonio
aqui dentro en este mundo.
¿Te enteras del deseo de mi corazón?
Llevarte conmigo a este Event
(acontecimiento).

¿Sí te ha despertado la curiosidad?

Sábete:

Es igual donde te encuentres, donde vives de momento...

Lo principal es, que anhelas esto de todo corazón.

Esta razón es el motivo de este libro....

y ahora .... inténtalo.

Pues: Si quieres tener la suerte en tus manos,

entonces vete - no lo dejes esperar más.

Mucha suerte !

Si has encontrado unas faltas o expresiones ‚raras' te pido comprensión e indulgencia. Por tener varios amigos en España y Latinamerica queria hacerles participes del contenido. Por este motivo me he puesto a traducir el libro presente del alemán en la mejor manera que supo hacerlo.

Espero que hayas disfrutado aún asi del contenido.

Igual alguien quiere ofrecerse a traducir el 2° tomo?